www.united-pc.eu

Susanne Safer

Ich gebe nicht auf

Inhaltsverzeichnis

Wo bin ich?

Irgendwann im August 2014 werde ich munter. mir ist heiß! meine Augenlider öffnen sich langsam, sehr langsam, sehr schwer! Vor allem das linke Auge will gar nicht aufgehen, es ist ein Gefühl, als ob es zugeschwollen wäre ... ist es verklebt? Habe ich mir eine Bindehautentzündung eingefangen? Ich will mit meiner linken Hand zum Auge greifen um zu ertasten, ob es verklebt ist, aber ... scheiße, was ist das? Warum kann ich meinen linken Arm nicht heben? Hab ich mich in der Decke verwickelt? Wieso liege ich eigentlich im Bett? In einem Bett und nicht in *meinem* Bett? Liegt mein Mann irgendwie drauf? Nein, Blödsinn, er schläft ja rechts von mir ... hm, sehr seltsam das alles! Der rechte Arm funktioniert ganz normal ... Gott sei Dank!!! Was ist das eigentlich für ein Raum, in dem ich da liege? Das ist doch nicht unser Schlafzimmer! Hiilfe!!! Nein, warte, sind wir auf Urlaub gefahren? Ich kann mich nicht mehr erinnern. Ich weiß es einfach nicht mehr! Ich fühle langsam Panik in mir aufsteigen ... meine Atmung wird schneller, meine Handflächen feucht, mir ist plötzlich eiskalt!!! Ich versuche ruhiger zu atmen und mich selbst zu beruhigen, aber es will mir nicht so recht gelingen Was soll ich bloß tun, ich liege hier - wo auch immer - ganz alleine herum, habe keine Kraft aufzustehen und nachzuschauen, wo jemand ist. ... Ich will nicht alleine sein, ich hab Angst! Ich sollte schon bald- bei meinem ersten Versuch aufzustehen und aufs Klo zu gehen merken, dass auch mein linkes Bein nicht mehr funktioniert! ...

Man weiß nie wie stark man ist, bis Starksein die einzige Wahl ist, die einem bleibt!!!

Was ist passiert?

DA ENDLICH. Ich höre eine Türe aufgehen und plötzlich sind da Stimmen, die mich begrüßen und auf mich einreden ... Halt! HALT! Doch nicht alle auf einmal, ich kenn mich eh nicht aus. Wer ist denn da? Es will mir nicht und nicht gelingen, mich zur Türe auf die andere Seite umzudrehen. Langsam lichtet sich der Nebel in meinem Kopf und ich erkenne unter anderem die Stimme meines Mannes Reinhold. Was für eine Erleichterung! Ich weiß jetzt wieder wer ich bin. ... Wie Blitze schießen die Erinnerungsfetzen in meinen Kopf: Ich heiße Susanne Safer, bin 41 Jahre alt, habe zwei Söhne; Fabian (zwölf Jahre) und Mathias (neun Jahre, wir haben einen Hund Timmy und im Moment zwei Katzen. ... Ich bin gelernte Kindergärtnerin, habe mehr als zehn Jahre bei der Gemeinde Wien gearbeitet und als ich schwanger war, habe ich bei der Firma CreaDirect aus Deutschland eine selbständige Tätigkeit als Beraterin für Kreativprodukte begonnen. Das war eine wunderschöne Zeit, ich hatte so viele liebe Kolleginnen, mit denen eine echte Freundschaft gewachsen ist. Kurz vor meinem „schwarzen Tag" (dem Tag X) wurde unsere Firma leider an eine größere Firma verkauft für die ich nicht mehr arbeiten wollte und so hab ich auf der Suche nach etwas Neuem Kreativem einen Kurs zur Nageldesignerin gemacht, den hab ich noch grad fertig geschafft, die Innungs-Prüfung ist sich leider nimmer ausgegangen! Echt blöd! Das hätte ich urgern von zuhause aus gemacht, aber mit meiner linken

Hand wird das jetzt wohl nicht mehr gehen und ein Wunschtraum bleiben! ☹

Reinhold, mein Mann: Die Freude schießt mir durch meinen Körper, endlich ein vertrautes Gesicht!!! Du drückst mir ein Bussi auf die Wange und nimmst meine Hand! Von einer Sekunde auf die andere fühle ich mich in Sicherheit und geborgen! Jetzt ist jemand da, der auf mich aufpasst, mich beschützt! In diesem Moment liebe ich dich so sehr, Reinhold, dass es mir Angst macht! Angst, was ich tue, wenn ich dich jemals verlieren sollte.

Hoppla, meine Mama ist auch da. Ich frage euch wo ich bin, hab das Gefühl, ich habe ewig lang geschlafen und kenn mich gar nicht aus! Ich würde euch am liebsten mit Fragen bombardieren, aber es kommt nichts aus meinem Mund ihr erklärt mir, dass ich im Krankenhaus in St. Pölten bin. ... Ich kann es nicht glauben, warum denn im Krankenhaus, was ist denn nur passiert? Und warum so weit weg von zuhause, das Krankenhaus Mistelbach ist doch viel näher bei uns zuhause! Was soll denn das alles? Ich spüre wie Zorn in mir aufsteigt, Zorn, weil ich mich so hilflos fühle- als wäre mein Gehirn leer, absolut leer, Zorn auf euch, weil ihr mir noch immer nicht erklärt habt, was passiert ist! ... Ich bin noch nicht ganz munter ... aber munter genug um mich zu ärgern. ... SUPER!!!

Im Laufe der nächsten paar Tage erfahre ich nach und nach mehr Details:

Am Morgen des 8. August 2014 hat sich ein böses Aneurysma[1] in meiner rechten Gehirnhälfte einfach dazu entschlossen, zu platzen und eben diese schlagartig mit Blut zu überschwemmen ... und dadurch so zu zerstören; dass meine gesamte linke Körperhälfte von einer Sekunde auf die andere wie gelähmt und völlig funktionslos war.

Jedenfalls war der Schock riesig. So richtig bewusst hab ich das Riesenglück, das ich hatte, aber erst Monate später realisiert, als ich nachgelesen habe, **dass immerhin drei Prozent der Weltbevölkerung eine angeborene Gewebewandschwäche und ein daraus resultierendes Aneurysma haben und nur 50 Prozent davon überleben überhaupt mal solch ein geplatztes Aneurysma! Zwei Drittel davon wiederum haben aber solch schwere neurologische Schäden, dass ein „normales" Leben nicht mehr möglich ist!!** Also Danke, Danke, Danke, dass ich noch da sein darf und ein paar Tage später sogar meine beiden Jungs noch einmal drücken darf!!! Meine beiden Lebensretter: Fabian und Mathias.

Sie haben mich nämlich, als sie am 8. August aufgestanden sind, „komisch daliegend" im Bett gefunden! Während mein

---

[1] Bei einem Aneurysma handelt es sich um eine sackförmige Erweiterung eines arteriellen oder venösen Blutgefäßes. Die krankhafte Ausweitung ist örtlich begrenzt, betrifft also einen bestimmten Abschnitt der Arterie, und bleibt dauerhaft bestehen. Dem Aneurysma zu Grunde liegt eine angeborene oder erworbene Veränderung der Gefäßwand in diesem Bereich.
Das Gefährliche an Aneurysmen ist, dass sie reißen können. Dann kann es je nach Lage des Gefäßes zu schweren inneren Blutungen mit lebensbedrohlichen Folgen kommen. In 50% aller Fälle kommt es zumindest zu schweren neurologischen Schädigungen! (aus netdoctor.at)

Mathias sofort zum Nachbarn gelaufen ist, um einen Erwachsenen zur Hilfe zu holen, hat mein Großer, Fabian, schon mit dem Papa, der Oma und der Rettung telefoniert, sodass schon bald ein Hubschrauber über Hautzendorf zu hören war, ein Rettungswagen kam und die Feuerwehr anrückte um die Straße zu sperren und mich irgendwie unsere enge Stiege herunterzubringen. ... Ich war nur froh im Nachhinein, dass ich diese Mega-action verschlafen habe, mir war es sooo unendlich peinlich, dass so viel Aufwand um mich gemacht werden musste, ... außerdem hätte mein Herz vor lauter Aufregung wahrscheinlich auch so seine Schwierigkeiten gehabt. Jedes Mal, wenn ich an dieses Ereignis denke, fühle ich **unheimlich große Dankbarkeit. Danke an alle, die so reagiert haben, wie sie es getan haben und mir damit das Leben gerettet haben!!!** Die Rettungskette hat lückenlos funktioniert in meinem Fall!!! Nur deshalb bin ich noch am Leben!!! Auch etwas, das mich viele schlaflose Nächte gekostet hat vor allem die Überlegungen. ... **Was wäre gewesen**, wenn nur einer der Helfer anders oder viel langsamer reagiert hätte!!!

Die Tränen kullerten wie verrückt

- vor Schmerzen, Freude und Erleichterung, dass ich überhaupt noch da bin;
- vor Zorn und Frust, warum es grad mich treffen musste, wo es doch sooo viele schlechte, und bösartige Menschen gibt auf der Welt!

- Und vor endlosen Selbstvorwürfen: was hab ich bloß falsch gemacht, dass mir das passiert ist.

Es tut weh sich an Momente zu erinnern, die es nie wieder geben wird!

Zeit des Grübelns

Nach circa eineinhalb Wochen, die ich im künstlichen Koma gehalten wurde, wurde ich langsam nach und nach aufgeweckt, konnte zunächst nicht selbständig atmen, nicht schlucken, nicht sprechen, um dann nach einiger Zeit auch noch sehr enttäuscht und frustriert festzustellen, dass ich meine linke Körperhälfte nicht einmal mehr spürte oder gar bewegen konnte.

Vielleicht könnt ihr ein bisschen nachvollziehen, was das für ein Schock war. ... Wenn ihr euch vorstellt, dass ihr am Abend ganz normal ins Bett geht und wenn ihr in der Früh aufwacht, könnt ihr einen Arm und ein Bein nicht mehr bewegen, könnt nicht mehr aus dem Bett aufstehen, nicht aufs Klo und duschen gehen, nicht mehr allein euer Brot streichen oder kochen ... nicht mehr mit dem Hund spazieren gehen, der soooo darauf wartet, könnt nicht mehr mit dem Wäschekorb die Stiegen rauf und runter laufen ... nicht mehr Autofahren (auch weil das linke Auge nicht mehr richtig funktioniert und ihr alles was links von eurem Nasenflügel ist einfach nicht mehr wahrnehmt), damit könnt ihr nicht mehr die Kinder irgendwohin bringen oder abholen, nicht mehr arbeiten fahren. ...

Ich jedenfalls war fertig mit der Welt fühlte mich soooo wahnsinnig unnütz und unnötig und hab erstmal ein paar Tage immer wieder geweint und versucht das zu verarbeiten. In dieser Zeit wollte ich auch keinen Besuch -es sollte mich ja bloß niemand so verzweifelt sehen, zum einen war es mir furchtbar peinlich, zum anderen wollte ich meiner Familie keine Angst machen! Das war auch die Zeit, wo ich erstmalig darüber nachdachte meine Schmerz- und Schlafpulver zusammen zu sammeln, um dann ….

Dazu kam auch noch gerade in diesen Tagen eine Angiographie Untersuchung (eine Darstellung der Gefäße im Kopf mittels Kontrastmittel) so wurde ich also zur MR-Röhre gefahren, bekam in meine rechte Leiste einen Schlauch gesteckt (natürlich ohne Betäubung, wo dann das Kontrastmittel reingeschossen wurde … und dann meinte der Doc noch: „Es kann sein, dass Sie ein warmes Gefühl bekommen, dort wo das Kontrastmittel ist." Ja, von wegen, meine rechte Kopfhälfte wurde heiß und heißer, bis ich das absolut erschreckende Gefühl hatte, mein Kopf steht in Flammen. … Ich rief in voller Panik um Hilfe, sah noch kurz die wichtigsten Episoden aus meinem Leben in meiner Vorstellung vorbeiziehen und hatte in diesem Moment das schlimme und endgültige Gefühl: SO DAS WAR ES JETZT … und ich war mutterseelenallein in dieser doofen Röhre eingesperrt!!! In meiner Angst war mir dann scheinbar jede Höflichkeit wurscht, weil dem Arzt, der dann nach einer gefühlten Ewigkeit wieder kam, hab ich was erzählt!!! Das war einer der furchtbarsten Momente während meiner Zeit im Krankenhaus! **Ich konzentrierte mich ganz fest auf meinen innigsten Wunsch: noch einmal nach Hause zu kommen zu meinen drei Männern!** Oh, ihr lieben Schutzengerl bitte, bitte!!!

Davon abgesehen war die Zeit im Krankenhaus für mich seeeehr lang, sehr einsam und oft sehr fad. Ich habe jegliches Zeitgefühl verloren - war ich ja doch von 8. August bis 17. Dezember nicht zu Hause! Man erlebt so einiges im Krankenhaus, man hat nervige und sehr liebe Zimmergenossinnen, die einem sehr ans Herz wachsen; genauso ist es mit den Schwestern und Pflegern: manche sind so unfreundlich, routiniert, wollen nur schnell, schnell ihren Arbeitstag hinter sich bringen und andere wiederum nehmen sich immer ein paar Minuten Zeit für ein paar Sätze, gehen ganz vorsichtig mit dir um, stets darauf bedacht dir nur ja nicht wehzutun. Diese versuchen auch dir ein Mindestmaß an Intimsphäre zu gewähren und das ist echt Luxus im Krankenhaus!

Ihr wisst ja gar nicht, wie sehr sich so ein Tag im Krankenhaus in die Länge ziehen kann - vor allem, wenn man nur liegen kann ☹ ich hab ein bisserl Musik gehört, gelesen, viele Akkuladungen vertelefoniert ... ja und gewartet ... auf meinen Besuch. An dieser Stelle ein Dankeschön an meinen Mann, der alle Besuche koordiniert und ein bisserl eingeteilt hat, sodass fast jeden Tag jemand bei mir war! Das war sooo wichtig, um meinen Überlebenswillen aufrecht zu erhalten! Die Besuchszeit ist der Höhepunkt des Tages! An dieser Stelle auch ein riesen DANKESCHÖN AN ALLE, die mich immer wieder besucht und mir zumindest eine Stunde des langen Tages versüßt haben, die mir immer wieder meine Fortschritte vor Augen gehalten haben, waren sie auch noch so klein!! **Als Betroffener siehst du nicht, dass du deine Hand schon ein Zentimeter höher heben kannst als** vor einer Woche, Du siehst nur, was noch immer nicht geht ... **Und was du alles nie wieder tun wirst können in deinem Leben!!!** Du musst all deine Zukunftspläne neu überdenken und ordnen, weil vieles einfach nicht mehr möglich ist ... und leider hast du an vielen Tagen viel zu viel Zeit zum Nachdenken. Ich hatte an solchen Tagen dann auch immer ein tiefes Gefühl der Einsamkeit - obwohl mich mein Mann praktisch jeden Tag besucht hat! Aber mit deiner Krankheit oder Gehirnblutung und den Konsequenzen musst trotzdem du alleine leben und zurechtkommen lernen. ... Und Alles dreht sich immer wieder um die Frage, auf die es keine Antwort gibt ... WARUM ?

Die ganze Zeit hab ich mich nur auf ein Ziel konzentriert: Ich wollte wieder bei meinen drei Männern zuhause sein, in den Armen meines Mannes, um mich endlich wieder geborgen, beschützt und geliebt fühlen zu können! Und so habe ich mir fest eingeredet:

> **Am Ende wird alles gut! Und wenn es nicht gut ist, ist es auch noch nicht das Ende!!!**

Die erste Reha

Am 5. November durfte ich dann auf REHA nach Bad Pira-warth fahren ... und dort war schlagartig alles anders.

Das Personal war sooooooo freundlich und geduldig. Die haben natürlich nicht so einen Stress wie im Krankenhaus, aber es war sooo angenehm, da wurde viel gescherzt, ge-blödelt und gelacht.

Ich hatte so viele Therapien eingeteilt, dass so mancher Tag richtig stressig war. Keine Spur mehr von Langeweile. Besonders toll war der Hol- und Bringdienst, ein paar flei-ßige Damen, die Patienten wie mich zu den Therapien und wieder zurück zum Zimmer gebracht haben!!! Und eben mit diesen Damen fuhr ich auch zu den Mahlzeiten ins Restau-rant, wo man wieder viel mit anderen Leuten zusammenkam und plaudern konnte. ...

Dort hab ich wieder begonnen zu leben. Dank der Thera-pien konnte ich wieder

- stehen;
- fünf Schritte gehen;
- hab ich mir wieder antrainiert meine linke Ge-sichtshälfte wahrzunehmen;
- hab in der Ergotherapie ein paar Tricks für Einhän-der im Alltag gelernt;
- und ... Und ... und ...

Fast jeden Tag gab es einen kleinen Fortschritt, außerdem Musiktherapie, Basteln Werken und Kochen zur Ablenkung und fürs Gemüt ... An dieser Stelle ein besonders großes Dankeschön an alle Beteiligten in Bad Pirawarth!!! Ihr leistet großartige Arbeit!!!!! Und ich hoffe sehr, dass ich im Mai, Juni 2015 (nach einem halben Jahr) nochmal wiederkommen darf!

Die Heimkehr

Und dann war er endlich da, der heiß ersehnte Tag! **Ich durfte am 16. Dezember endlich nach Hause.** ... Ich war so happy, so glücklich überhaupt noch einmal nach Hause kommen zu können - ein Gefühl wie Weihnachten, Geburtstag, Hochzeit ... alles zusammen! Nur um dann mit großer Enttäuschung feststellen zu müssen, dass die Freude daheim nicht einmal halb so groß war, wie bei mir! Ich fiel von einer Sekunde auf die andere von meinem hohen Luftschloss in ein tiefes schwarzes Loch! Meine Jungs begegneten mir mit unheimlich großer Zurückhaltung und Skepsis wussten mir nichts zu erzählen, waren sehr wortkarg, blockten jeden Versuch meinerseits über ihre Gefühle zu sprechen sofort ab: "Mama, das ist Babykram! Wir machen das schon, wir sind jetzt coole Männer!" Meine tollen Jungs waren verschwunden, hier waren plötzlich zwei Teenager, die sich im letzten Jahr nur an ihrem Papa orientieren konnten, was meiner Meinung nach, nicht unbedingt nur zu einer Verbesserung ihrer Persönlichkeit beigetragen hatte! und deren Lebensinhalt nun darin bestand auf jeden Fall „cool" zu sein! ... mein Mann war mir gegenüber relativ gefühlskalt und sehr schnell wahnsinnig davon genervt, dass er mir jetzt beim Klogehen und bei manchen Alltagsdingen helfen musste!

Zum Beispiel,

- wenn Dinge hoch oben waren, erwischte ich sie aus dem Rolli nicht. ...

- Einen Topf voll mit heißem Wasser und Spaghetti für vier Leute konnte ich im Rollstuhl sitzend und mit nur einer Hand nicht wirklich gut zum Abgießen zur Abwasch transportieren. ...

Es waren nur Kleinigkeiten, mal da, mal dort aber in der Summe nervten sie meinen Mann unheimlich und er wurde immer grantiger und oft laut mit mir! Aber ich konnte doch nix dafür, hatte mir die Situation auch nicht ausgesucht oder gewünscht Manchmal brüllte er dann mit mir herum! Und wenn ich etwas nicht gut aushalte ist es, angeschrien zu werden! Ich finde, das ist so respektlos vom anderen, lieblos und richtig erniedrigend und demütigend. ... Ein Teil von mir konnte ihn ja verstehen, der andere aber bestand darauf. DU kannst doch auch nix für diese Situation und er soll seinen Frust gefälligst nicht an dir auslassen!!! Das Verhältnis zwischen uns wurde immer gespannter. und gereizter, es gipfelte an dem einen Abend als er mir beim Duschen half und sagte: "Du, sei mir nicht bös, aber ich kann das nicht. Du im Rolli bist ja jetzt ein Pflegefall, ein ekliger Pflegefall und da graust es mir! Ich kann dich nicht mehr lieb haben, tut mir leid!!! Ich glaube, dies war der Schlüsselsatz, der mein Herz auseinander brechen ließ genau in diesem Moment!!! Ab da wurde unser Zusammenleben immer mehr zur Hölle: jeder interpretierte in Blicke, Gesten oder Worte des anderen schon wieder einen Vorwurf oder Angriff. Liebevolle Berührungen gab es schon seit meiner Heimkehr nicht mehr und ich vermisste sie furchtbar! Wie sehr hätte ich mir gewünscht, dass er mich nur einmal in den Arm nimmt und sagt: „Scheißsituation, gell? Aber zusammen werden wir auch daraus das Beste machen und es durchstehen". ... Nur ein einziges klitzekleines Mal! Aber nein, nichts dergleichen. Er konnte es einfach nicht mehr! Ich begann zu überlegen, ob ich mit diesem Mann, der so über mich dachte, noch die nächsten 40 Jahre verheiratet sein wollte. ... Ich fing auch an nach Zeichen zu suchen, dass da jetzt eine andere Frau in seinem Leben ist, wurde aber nicht fündig. Er wollte MICH einfach nur nicht mehr! Ich im Rolli, das passte nicht in seine Lebensplanung! Sich dieser Tatsache zu stellen, tat unheimlich weh - war er doch meine große Liebe! So nach und nach realisierte ich erst, dass ich alleine kämpfen musste. Seine Rückendeckung, Unterstützung und Liebe hatte ich für immer verloren! Ein Gefühl der Hoffnungslosigkeit und auch Sinnlosigkeit machte sich in mir breit!!! Ich überlegte, ob der tägliche Kampf durch meine Übungen und die schlimmen Schmerzen fast jeden Tag jetzt überhaupt noch Sinn machten. ... Wofür denn? Für ein Leben in Einsamkeit??? Ich war früher glückliche Ehefrau und Mutter und jetzt war ich –wie er es nannte - nur mehr ein Pflegefall und nichts mehr wert!

Und da kam zum Glück der Zeitpunkt, wo ich unheimlich zornig wurde, zornig auf dieses blöde Aneurysma und die Gehirnblutung, die mir mein Leben geraubt hatten. Zornig auf das Schicksal!! Und je zorniger ich wurde, umso mehr wollte ich es schaffen wieder spazieren gehen zu können und meine linke Hand wieder einigermaßen einsetzen zu können. Ich wollte es unbedingt schaffen - zur Not auch ohne die Hilfe meines Mannes!!! Ich wollte ihm beweisen, dass es ein Fehler war, mich einfach aufzugeben!!!

Ich setzte mich hin und versuchte mir über meine Ziele in diesem Leben - diesem zweiten geschenkten Leben klar zu werden und druckte und schnitt sie aus. Mit den passenden Bildern dazu wurde daraus meine persönliche **Zielcollage**.

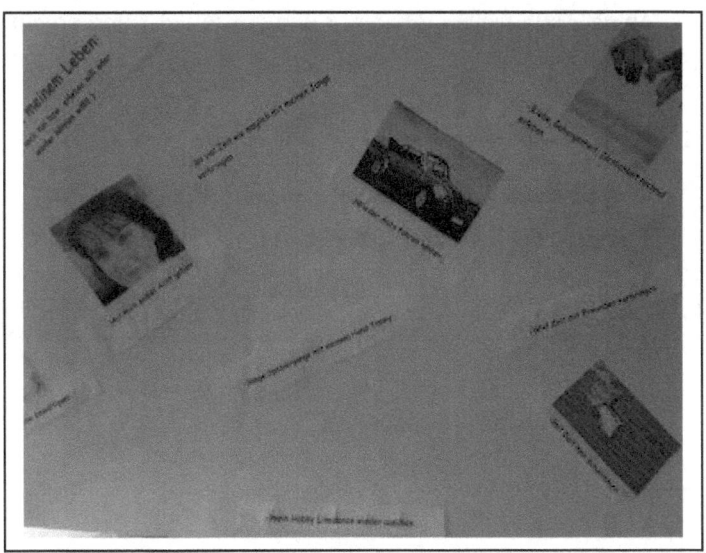

Ziele in meinem Leben: was ich noch tun bzw. erleben will oder wieder können will!!!

- auf mich selbst achtgeben;
- wieder alleine aufs Klo gehen können (ein bisschen Intimsphäre zurückbekommen);
- viel Zeit mit Freunden verbringen;

- lange Spaziergänge mit meinem Hund Timmy machen; ...
- wieder Auto fahren können;
- Liebe, Geborgenheit, Zärtlichkeit nochmal erleben;
- mein Hobby Linedance wieder ausüben können und mein großer Traum:
- mit Delfinen schwimmen.

Meine Ziele waren definiert und aufgeklebt und so aufgehängt, dass ich sie jeden Tag vor Augen hatte!!

Man weiß nie wie stark man ist, bis Starksein die einzige Wahl ist, die einem bleibt!!!

Tagesbericht: 22. April 2015

Liebe Leser, ich muss euch heute unbedingt zwischendurch von meinem Tag erzählen, weil er einfach soooo supercalifragilistic expialigetisch war ;-) Wir haben den 22. April und ich hatte heute Vormittag wie jeden Mittwoch meine Physiotherapiestunde mit der **weltallerbesten Therapeutin** Ellen. Schon in der Früh hat mich heute die Sonne wachgekitzelt, es war ein wunderschöner Frühlingstag.

Ich habe ja das Riesenglück, dass meine Mama und meine Tante sich abwechselnd die ganze Woche am Vormittag Zeit nehmen, um mit mir all meine Übungen (Dehnungsübungen, Handkoordinationsübungen, Kraftübungen usw.) zu trainieren. Das kostet mich momentan bereits ca. zwei Stunden Zeit pro Tag! Dazu kommen die täglichen Gehversuche, die seit einer Woche zu meiner Hausübung gehören!

Jedenfalls sind wir heute mit dem Treppenlift hinunter in den Garten gefahren und haben versucht mal quer über die gepflasterte Fläche zu gehen. Das ist doch ganz was anderes, als auf dem rutschigen Laminatboden.

Überraschender Weise ging das aber sehr gut, vor allem das linke Bein ließ sich wunderbar nach vorne heben. ... Und so kam meine **supertolle Therapeutin** auf die Idee, das Ganze gleich mal in der Wiese auszuprobieren. ... Das war sehr spannend!!! Erstmal ließ sich der Rollator gebremst gar nicht gut schieben, also Bremsen gelöst und mit mehr Angst munter drauflos und immerhin bin ich bis zu unserem Pavillon gegangen (ca. 4-5 Meter). JUHU!

Dann meinte meine *tolle Therapeutin*: Du bist heute so gut drauf, da versuchen wir gleich noch ein paar Schritte die Einfahrt hinauf, umdrehen und wieder hinunter bergab ... BERGAB???? **Waaaaaaah Hiiiiiiiiiilfe**. Ist die heute verrückt???? Na gut, neugierig war ich ja dann doch und siehe da es war gar nicht sooo schwer wie ich es mir vorgestellt hatte. Bergab war halt sehr spannend, weil der Rollator natürlich leichter davonrollt ... aber es hat toll geklappt, der linke Problemknöchel (weil er immer noch gerne umknickt) hat dank Schiene seine Arbeit ordnungsgemäß erfüllt.

Zum Abschluss hatte meine *heute leicht übermütige* (☺) *Therapeutin* noch eine kleine Herausforderung für mich, ich sollte auf der Außentreppe mal die erste Stiege hinauf und wieder hinuntersteigen versuchen. ... Das war dann der richtige Zeitpunkt für den ersten großen Schweißausbruch an diesem Tag. Ob vor Angst oder Anstrengung kann ich gar nicht so genau sagen!!!

Jedenfalls hatte ich heute das erste Mal das Gefühl, dass sich endlich das harte und zeitaufwendige Trainingsprogramm und die Schmerzen zu lohnen beginnen und das ist ein wahnsinnig tolles Gefühl, Leute. ;-))) DANKE DANKE, liebe ELLEN!!!

Ich wünsche euch allen einen wunderbaren Tag!!!

In diesem Sinn

Eure Susanne

Ich gebe NIE auf.
Ich fange nur manchmal neu an!!!
Es ist nicht immer leicht, doch es lohnt sich!!!

Zeit der Veränderung

Am Schwierigsten ist es mit all den Veränderungen klar zu kommen:

Meine Jungs sind erwachsen und sehr selbständig geworden und im Moment bin ich als Mama nicht sehr gefragt ... Dafür wird der Papa angehimmelt, genau beobachtet und vor allem auch nachgeahmt. Ich erlebe im Moment gerade eine sehr spannende und zugleich seltsame Phase in meinem Leben. Der Frühling zieht nun immer mehr ins Land! UND DA ICH SEIT KURZEM MEINEN Elektrorolli habe, fahre ich fast täglich mit meinen, Jungs eine kleine Runde spazieren (die beiden sind nämlich ganz und gar dem Longboard-fieber verfallen und fahren sogar bis Wolkersdorf, das sind immerhin 16 km) auf ein Eis! Und so sehe ich endlich, wie die Sträucher überall zu blühen beginnen, die ersten Rapsfelder die Landschaft mit ihrem satten Gelb zum Leuchten bringen, Narzissen, Tulpen überall als bunte Farbkleckse das Grau des Winters vertreiben und ich glaube, all das bewirkt auch in mir eine Art Umbruch! Ein leises Gefühl der Hoffnung stellt sich wieder ein, dass irgendwann vielleicht wieder alles gut wird und ich mit meiner Familie wieder einen langen Spaziergang mit Picknick unternehmen kann, ... dass es zwischen meinem Mann und mir vielleicht doch noch mal eine Annäherung geben kann und geben wird. ...

Die Tage verlaufen mir viel zu schnell - was einen besonders krassen Gegensatz zu den Tagen im Krankenhaus darstellt, die sich immer ewig hingezogen haben.

Ich fühle mich oft ganz hibbelig und kribbelig - irgendwie unruhig und voller Tatendrang, nur schränkt mich meine linke Körperhälfte leider immer noch ziemlich ein. **Dennoch gibt es immer wieder kleine Fortschritte – manchmal sind sie so klein, dass ich sie gar nicht bewusst wahrnehme, gar nicht darauf achte. Da ist es besonders wichtig, dass Menschen aus dem Umfeld mich immer darauf aufmerksam machen.** Zum Beispiel hat mir meine Tante vor drei Tagen beim Weste anziehen geholfen und bin ich sonst immer mit meinen Fingern hängen geblieben, hat meine linke (!!) Hand hier auf einmal von ganz alleine eine Faust gemacht zum Durchschlüpfen! JUHU

Ich bemühe mich gerade sehr eine Windmühle in meinem Kopf zu bauen ... und zu schauen, wohin der Wind mich treibt!!!

Wenn der Wind der Veränderung weht, bauen die einen Mauern und die anderen Windmühlen.

Zeit der Höhen und Tiefen

Die Zeit der Genesung ist geprägt von ewigen Aufs und Abs. Kaum freut man sich über einen kleinen Fortschritt, gibt es schon wieder ein paar schlechte Tage, die einen um Meilen zurückwerfen ... und Geduld ist die wichtigste Tugend!!

„Geduld ist der Schlüssel zu einer Tür, hinter der vielleicht eine zweite Chance wartet!"

Generell ist es aber unheimlich wichtig, Menschen um sich zu haben, die einen immer wieder auf einen Fortschritt aufmerksam machen - sei er auch noch so winzigklein!!! Denn man selbst verliert den Blick dafür, weil man immer nur vor Augen hat, was noch immer nicht geht!!! Drum sind Freunde in so einer Situation das Allerwichtigste!

Meine Ergotherapeutin jedenfalls ist sehr zufrieden, weil meine linke Hand schon sehr schön hin und her dreht und die Finger auf Kommando „auf" und „zu" schon immer schneller öffnen und schließen! *freu*

Auch physiotherapeutisch gibt es kleine Fortschritte, der linke Knöchel lässt sich dank der Schiene schon viel besser belasten, die Schmerzen in der linken Hüfte sind besser, seit ich vor ca. vier Wochen angefangen habe täglich zumindest drei Meter zu gehen - auch wenn es noch so weh tut. Das Autoeinsteigen klappt je nach Auto schon recht gut (unser Seat Alhambra ist mir fast zu hoch, da muss ich rauf und das ist schwierig - dafür ist es beim Aussteigen wieder toll! Ja, das ewige „Auf" und „Ab" was für das eine gut ist, ist fürs Andere wieder schlecht oder schmerzhaft, zermürbt einen leicht. ...

Die Situation mit meinem Mann spitzte sich aber leider immer weiter zu, er schrie viel mit mir herum - auch vor den Kindern und ich kann euch gar nicht sagen, wie weh mir das tut so respekt- und lieblos behandelt zu werden!!! Ich kann nicht mehr mit ihm reden, ich hab das Gefühl, dass ich nicht mehr durchdringe zu meinem alten Reinhold! Den vermisse ich nämlich sehr. Und der neue, grantige, grobe, herumbrüllende Reinhold gefällt mir gar nicht!

Und ich kann gar nicht verstehen, warum er sich so verändert hat - ich meine, ich weiß, dass ich mich verändert habe, ich bin nachdenklicher geworden, freue mich über jeden Tag, wo nichts Schlimmes passiert ist und ich bin vergesslicher geworden. Die Blutung hat mein Kurzzeitgedächtnis teilweise zerstört! Ich muss mir jetzt ALLES aufschreiben, weil ich es sonst am nächsten Tag oder manchmal schon nach einer Stunde vergessen hab - das ist sehr mühsam und es zipft mich voll an! Für meine Mitmenschen ist das sicher extrem nervig und anstrengend!

Besonders schlimm ist es auch für mich, wenn meinem Mann so wie letztes Wochenende spontan einfällt mit den Jungs schwimmen zu gehen - und ich kann nicht mit! Das Gefühl des Alleinegelassen- oder Verlassenwerdens ist echt schlimm und tut sehr weh. Auch denk ich mir dann immer, wieso ich bestraft werde für etwas für das ich nichts kann!!! An solchen Tagen muss ich sehr dagegen ankämpfen in eine Depression zu verfallen!!! Danke an alle Freunde, die ich an solchen Tagen anrufen und ihnen mein Leid klagen durfte! Ihr ward echt einmalig!

Außerdem bin ich noch immer sehr auf Liebesentzug, seit unserem letzten Streit ist es besonders schlimm. Mein Mann hatte mich beschimpft. Ich wollte zum Abendessen zu meinem Kornspitz noch eine Banane essen (was Süßes) und aus heiterem Himmel brüllte er: „Was musst jetzt auch noch eine Banane fressen, wirst eh immer fetter, bald kann ich deinen Kadaver gar nimmer bewegen!" „Und diese Wortwahl war für mich sowas von unter der Gürtellinie, ich war so gekränkt und erschrocken, wie lieb- und respektlos er mich behandelte. Es war einfach erniedrigend und demütigend!!! Ich meine, ich WAR NIE EIN SCHLANKES Leichtgewicht und das monatelange Liegen im Krankenhaus hat das nicht unbedingt verbessert - aber Himmel, dafür konnte ich ja nun wirklich nichts.

Ich hab die Ärzte im Krankenhaus immer wieder gelöchert, ob ich irgendwas falsch gemacht habe, was dieses Aneurysma verursacht hat ... Die Antwort war immer dieselbe NEIN! Zumal ja mein Papa auch einmal eines im Bauch hatte und die Gefäßwandschwäche somit sicher vererbt und angeboren war!

Am nächsten Tag stellte ich ihm drei Varianten zur Wahl:

1. Wir versuchen es nochmal miteinander vorausgesetzt wir finden einen Weg wieder respektvoll und

ohne Kränkungen oder Beleidigungen miteinander umzugehen.

2. Wir lassen uns scheiden, wobei wir ziemlich sicher unser Haus verkaufen müssten, weil keiner den anderen auszahlen könnte. Da meine Jungs dann ihr Zuhause verlieren würden, deshalb kam diese Variante für mich nicht wirklich in Frage!

3. Da ich jetzt der große Störfaktor in dieser Familie war, würde ich mir eine kleine Wohnung suchen und ausziehen. Diese Variante wollten zwar meine Jungs nicht, aber ich hatte die große Hoffnung, dass dann für sie alles besser würde, wenn mein Mann wieder entspannter und nicht mehr so grantig wäre.

Ich bat ihn sich zu überlegen, welche Variante für ihn denkbar wäre, hatte fast zwei Monate danach noch immer keine Antwort und realisierte schließlich traurig, dass unsere Ehe vorbei war!!!

> **Wenn du stark sein willst, musst du lernen alleine zu kämpfen!!!**

Und dann kam das Muttertagswochenende

Am Samstag wurde ich von meiner Mama am Vormittag abgeholt und wir fuhren, anlässlich ihres Geburtstages, ins „G 3". Wir waren bummeln, ein bisschen shoppen, gemütlich Mittagessen und hatten sehr nette Begegnungen mit fremden Leuten. Bei Ella-Juwelen hab ich mir einen Schutzengelanhänger für mein Nomination-Armband gekauft und da der Verkäufer sehr nett war, hab ich dort meinen ersten Versuch gestartet mit Bankomatkarte zu bezahlen. Komischerweise wusste ich meinen Code noch, hatte aber keine Ahnung vom Ablauf mehr … der supernette Harald hat mir aber ganz lieb geholfen, nachdem ich ihm ganz kurz erklärt hatte, was mir passiert war. Und dann hat er mir noch gesagt, dass er es toll findet, dass ich rausgehe und es einfach versuche und auch sage, wo ich Hilfe brauche! Und, dass ich mich nicht daheim verkrieche, ist sehr bewundernswert! **Na, wenn das nicht eine schöne Motivation ist weiterzukämpfen!!**

Der Sonntag wurde sogar noch besser: Meine Söhne hatten ein tolles Frühstück für mich vorbereitet mit Ei und allem Drum und Dran! Dann gab es noch von beiden eine handbemalte Keramiküberraschung, eine Herby-Spardose (ein alter VW Käfer) von meinem Fabian, weil ich dieses Auto so süß finde und auch die alten Filme. Und von meinem Mathias ein Schüsserl, weil ich jetzt täglich in der Früh meinen Frühstücksbrei esse. Damit hab ich begonnen, als ich von den vielen Tabletten, die ich anfangs nehmen musste und teilweise noch immer nehmen muss starke Magenschmerzen bekam. … Das war so süß, ich hab mich sehr gefreut.

Am Allermeisten aber hat mich mein Mann überrascht. Nach den letzten Wochen, wo er immer wieder gemeint hat, er mag mich so nicht mehr. Er hat sich in die alte Susi verliebt, die neue ist seehr anstrengend, ein Pflegefall …

hatte ich mit nix gerechnet, hatte mich sogar schon vor dem Tag gefürchtet.

Und dann war ganz freundliche Stimmung beim Frühstück … Nach dem Kaiserfrühstück waren wir alle, samt unserem Hund Timmy, eine Runde spazieren … es ist voll schön, dass ich jetzt mit dem e-Rolli auch mitfahren kann, wenn meine Jungs mit den Longboards unterwegs sind. Auf einer Wiese beim Heiligen Berg konnte ich unserem Timmy endlich wieder seinen Lieblingsball werfen! Ich weiß nicht, wer die größere Freude hatte: er oder ich. ☺

Zum Mittagessen warfen meine Männer unseren Grill an und es war wirklich urururulecker! Sogar an das leckere Römerbrot und Tsatsiki, das ich immer gerne zu Fleisch esse hatten sie gedacht!!! Da hab ich mich wirklich gefreut!!!

Danach war erstmal Mittagsruhe und Verdauen angesagt. Jeder meiner Männer lag in einer anderen Ecke. ☺

Bis zur selbstgemachten Topfen-Malakofftorte am Nachmittag waren sie dann aber wieder fit: Das Tollste an dem Tag war, dass ich **zum ersten Mal seit meiner Rückkehr das Gefühl hatte wieder ein bisschen zur Familie dazu zu gehören, nicht außen zu stehen**. Und das war ein wunderbares Gefühl - so schön, dass am Abend im Bett noch heimlich ein paar Tränen flossen … von meinem Mann bekam ich noch ein supersüßes Familienfoto in einem sehr hübschen Rahmen im Shabby-Stil und einen kleinen Kuschelpolster, damit ich im Rollstuhl meinen linken Arm drauflegen kann. Durch das ewige Vor- bzw. Runterziehen des Armes, habe ich im Schultergelenk schon einen fast zwei Zentimeter breiten Spalt - was tageweise unheimlich schmerzt. Jedenfalls war der Tag so friedlich und schön, ich war richtig selig! sodass sich ein ganz leises Gefühl der Hoffnung einzustellen begann. ... Leider sollte dieses Gefühl nicht sehr lange anhalten ... genauso wie der friedliche Umgang im Hause Safer der am nächsten Tag gleich wieder beendet wurde, weil ich etwas vergessen hatte und meinen Mann mit meinem nochmaligen Nachfragen sofort auf die Palme brachte!

Ich würde alles dafür geben, meinen alten Reinhold wieder zu bekommen! Leider hab ich das Gefühl, dass der alte Reinhold für immer verschwunden ist und der neue gefällt mir nicht wirklich, weil er so aggressiv ist! Aber ich hoffe noch weiter:

> **Hoffnung ist der Regenbogen über dem herabstürzenden Fluss des Lebens.**

Die zweite Reha

So fuhr ich am 11. Juni 2015 mit ziemlich gemischten Gefühlen auf meine zweite Reha – diesmal nach ENNS in OÖ - das hatte sich mehr oder weniger zufällig ergeben … In Bad Pirawarth wäre das nächste Bett erst im Jänner frei gewesen! Und meine liebe Freundin Eva P. war wieder zu Besuch bei mir und erzählte mir von einem nigelnagelneuen Rehazentrum bei ihr in der Gegend, in Enns! Und sie meinte noch: „... dort gibt es noch keine Warteliste, weil … neu … dort bekommst vielleicht schneller einen Platz!" … Also hab ich mich gleich am nächsten Tag ans Telefon gehängt, meinen Case Manager bei der NÖGKK angerufen, der hat sich schlau gemacht und innerhalb von fünf Tagen durfte ich in Enns einrücken! Ich war soooo happy!!! Mein liebster Freund aus meiner Gymnasiumzeit Wolfgang E. brachte mich am 11. Juni nach Enns! Die Fahrt war superentspannt, der Empfang im Rehazentrum von den drei Rezeptionsdamen mehr als herzlich!!! Ich war die zwölfte Patientin, die ihr Zimmer bezog ☺ dementsprechend persönlich waren die ersten Tage noch, das Team aus Schwestern, Pflegern, Therapeuten überschlug sich regelrecht an Freundlichkeit und Hilfsbereitschaft. Wir zwölf Patienten freundeten uns natürlich auch sehr schnell an! Aus dieser Zeit nahm ich sechs Wochen später auch einige liebe neue Freundschaften mit nach Hause! Von den Therapien her, war der große Schwerpunkt auf die motorischen Fähigkeiten ausgerichtet (Ergotherapie, Physiotherapie, Gangtraining, Krafttraining, Unterwassertraining und natürlich das Klogehen und die

Verbesserung der Merkfähigkeit und Wahrnehmung - vor allem auch auf der linken Seite! Ich hatte unheimlich viele Therapien, manche Tage waren sooo richtig stressig! Aber toll stressig, wisst ihr, wie ich mein? Ich legte enorme Kraft in Armen und Beinen zu! Schaffte mit Rollator bald 50 Meter! Und schließlich mit einem Gehstock 25 Meter! Es war so ein tolles Gefühl zu merken, dass Fortschritte immer noch möglich sind und eine Verbesserung der momentanen Situation durchaus denkbar ist - auch wenn es vielleicht noch ein oder zwei Jahre dauert. ... Ich war mir plötzlich sicher **ICH WERDE WIEDER GEHEN!!!** IRGENDWANN. Das war ein FEELING!!! Ich bekam dann auch aufgrund meiner Fortschritte zwei Wochen Verlängerung und durfte somit sechs Wochen im wunderschönen ENNS genießen und mich- abgesehen von den Therapien - so richtig rundum verwöhnen lassen! Das Essen entsprach dank Superkoch Hermann einem Vier-Sterne-Restaurant, ich bekam sogar täglich meinen Haferflocken-Dinkelkleie-Frühstücksbrei zubereitet (den ich wegen meines schmerzenden Magen auf Empfehlung meiner Hausärztin im Jänner zu essen begonnen hatte! Besonders nett waren auch die beiden Ausflüge nach Enns- Stadt und Linz, die meine Freundin Eva P. gemeinsam mit ihren Freunden Rosa und Roman für mich organisiert hatte! Sie war auch während meiner Zeit in Enns mein Schmutzwäsche-Engerl!!! Liebe Eva, an dieser Stelle nochmal ein ganz dickes Dankeschön für alles!!! Ein großes Danke auch an Monika K. und Sabine K. für ihre motivierenden Besuche - extra aus Wien!!!

Alles bricht auseinander

Nach den sechs Wochen freute ich mich auf daheim - auf meine Jungs und meinen Hund Timmy! Zugleich hatte ich große Angst vor dem ersten Zusammentreffen mit meinem Mann – wie würde er mir begegnen? Am 23. Juli 2015 war es soweit, es ging mit allerlei Trainingsvorschlägen für daheim im Gepäck nach Hause! Mein Mann holte mich ab und erstmal war die Enttäuschung wahnsinnig groß, weil er auf dem Weg zu mir die Jungs zu seinen Eltern nach Prinzersdorf bei St. Pölten gebracht hatte! Und ich hatte mich so darauf gefreut die beiden zu sehen und mal zu knuddeln ... das musste jetzt noch zwei Wochen länger warten und ich war über alle Maßen enttäuscht, gekränkt und auch verärgert. Auf der Heimfahrt wurde nur das Notwendigste gesprochen. ... Bis er mir dann endlich gestand, dass es ihm die letzten Tage bei dem Gedanken an meine Heimkunft schon wahnsinnig schlecht gegangen sei. Ich im Rollstuhl, das packt er nicht, die ganze Lebensplanung ist jetzt im Arsch! Es war nicht das, was ich nach sechs Wochen Trennung hören wollte aber wenigstens hatte er jetzt einmal Stellung bezogen! Also Scheidung! Und getrennte Wege!

Ich machte ihm keine Vorwürfe deswegen, auch wenn ich mich erstmal sehr kränkte, aber was soll's! Wenn er mit mir so nicht konnte, war es besser, ein Ende mit Schrecken zu setzen als den Schrecken ohne Ende weiterzuführen. So könnten wir vielleicht beide noch einmal glücklich werden!

Immer mehr reifte in mir der Gedanke mir vielleicht eine der Wohnungen zu nehmen, die im nächsten Jahr in unserem Dorf gebaut werden sollten! Damit würde ich in der Ortschaft, die ich in den letzten zehn Jahren lieb gewonnen hatte bleiben und vor allem bei meinen Jungs! Für mich war klar, dass mein Mann unser Haus, in das er soviel Arbeit gesteckt hatte, behalten sollte! Die Jungs sollten in ihren „megacoolen Zimmern wohnen bleiben und könnten dann dennoch jederzeit in 3 Minuten bei mir sein!!! Ja, dieser Gedanke manifestierte sich immer mehr in meinem Kopf und ich hoffte von Herzen, dass wir uns den Rest friedlich ausmachen könnten - was leider nicht klappte! Vor allem, weil mein Mann seine ganze Wut, Zorn und Aggression über die veränderte Situation immer mehr gegen mich richtete. So half er mir z. B ins Bett, verdrehte mir dabei den Oberschenkel so im Hüftgelenk, dass mir die Tränen vor Schmerz in die Augen schossen. Oder beim abendlichen Duschen stellte er einmal das Wasser auf heiß und hielt mir die Brause genau über den Bauch bis ich entsetzt aufschrie!!! Das verletzte vor allem auch meine Seele sehr! Ich kannte diesen Mann nicht mehr! Mein Reinhold hätte mir nie wehgetan!!! **Ich wollte nur mehr weg von ihm!**

Mittlerweile haben wir August 2015 ungefähr ein Jahr nach dem Tag X und ich kann leider nicht mehr so laufen wie früher ... ABER ich bekomme immer mehr Gefühl in meiner linken Körperseite, kann zum Beispiel meine linke Hand und mein linkes Bein besser ansteuern

Ich gehe ca. 25 m alleine mit dem Rollator und beginne mit Krücken zu gehen. Das ist der nächste Schritt, dann mit Gehstock und dann hoffentlich irgendwann wieder ganz ohne Hilfsmittel. ... Jeder sagt mir, ich muss geduldig sein und ich weiß es ja selber. Anfangs dachte ich, mein Leben ist vorbei! Ich kann nix mehr! Und jetzt gibt es doch solche Fortschritte, aber eben so unendlich langsam und ich weiß nicht, ob ich das schon erzählt habe, aber als die Geduld verteilt wurde, war ich sicher grad mit einer Freundin im Cafehaus auf ein Stückl Torte!!! Und hab nicht viel davon abbekommen!

Ich komme jetzt auch alleine vom Rollstuhl in mein Bett und vom Bett in den Rollstuhl. ... Ich weiß nicht, wie viele Versuche ich gestartet habe aus dem Rolli alleine aufzustehen und immer wieder zieht der dicke schwere Hintern mich zurück - aber jetzt hab ich endlich soviel Kraft aufgebaut, dass das hinhaut. ... Seit ca. drei Wochen gehe ich mit meiner Mama einmal pro Woche im Großfeldsiedlungsbad in Wien schwimmen. Die sind dort toll ausgerüstet für Rollstuhlfahrer, die Bademeister sind urnett und hilfsbereit und schnell zur Stelle, wenn man sie braucht. Das weiß ich aus eigener Erfahrung, denn vorigen Mittwoch wäre ich fast ertrunken, wenn der liebe Peter mich nicht aus dem Wasser gezogen hätte. Ich war schon ca. eine Stunde im Wasser, hab wie immer mein Programm durchgezogen (siehe unten) und wollte zum Abschluss noch eine Länge Rückenschwimmen. Ich hab mich auf den Rücken aufs Wasser gelegt, alles wunderbar, nach oben auf die Lampen und Fenster geschaut und auf einmal hat die Decke begonnen sich zu drehen und ich dachte noch: oh oh, jetzt wird mir schwindlig, na super! Ich habe versucht aufzustehen, schaffte es aber nicht meine Beine auf den Boden hinunter zu bringen. Dann fingen plötzlich die Wände an sich mitzudrehen und ich hatte das Gefühl in einem Strudel gefangen zu sein. Meine Mama hat mir nachher erzählt, dass mein Kopf überstreckt hinten unter Wasser war. Das war wohl auch der Moment, wo ich Panik bekam, als die Luft knapp wurde. Ich versuchte nach meiner Mama zu greifen, um das Drehen zu stoppen und meine Beine runterzubringen, doch, da wir blöderweise am tiefen Ende des Beckens waren, drückte ich dabei meine Mama unter Wasser ... Als sie merkte, dass sie meinen Kopf nicht hochhalten konnte, sondern selber unterging, rief sie nach dem Bademeister ...

Ich nahm dann als nächstes nur einen großen Platscher wahr und spürte dann einen starken Körper hinter mir, der mich festhielt! Nach einer Weile drangen die Worte: „ganz ruhig, Madl, i hob di!" endlich in mein Gehirn vor und ich wurde ruhiger. ... Ich wurde an den Beckenrand gezogen und sah in zwei grüne Augen. „No, Madl, geht's wieda? Hot net schee ausgschaut! Des muaß i da scho sogn!" ... Ich brachte nur ein kurzes „Tschuldigung" heraus, was nicht wirklich Sinn machte, aber mein Hirn war wohl in dem Moment noch nicht voll einsatzfähig! Ich keuchte in Ruhe aus, während mein Retter Peter zu meiner Mama schaute, die natürlich einen Wahnsinns-Schreck bekommen hatte!!!

Allmählich fühlte ich mich fit genug ans andere Ende des Beckens zu schwimmen, um mit dem Lift aus dem Wasser zu gehen. ...

Zwei Tage später war ich wieder im Wasser, zum ersten Mal im Leben mit einem Gefühl der Panik! Und ich kann euch sagen, das war nicht schön. Ich schwimme seit meinem dritten Lebensjahr wie ein Fisch, kenne keine Angst vor Wasser und da hatte ich nun plötzlich Panik. Ich wollte das nicht, also tastete ich mich langsam immer weiter hinein, aber nur so tief, dass meine Mama noch stehen konnte! Und unter genauester Beobachtung von Bademeister Geri. Und zum Glück ging diesmal alles gut! Alles in bester Ordnung, und wenn das noch ein paar Mal so ist, verlier ich die Angst vor Wasser hoffentlich bald wieder!!!

Denn die positiven Auswirkungen des wöchentlichen Schwimmtrainings waren überwältigend! ich fühlte mich viel fitter, wurde im linken Knöchel und der Schulter viel beweglicher, hatte so gut wie keine Schmerzen mehr in meiner linken Seite und wurde immer kräftiger!!! Und ich war unter Leuten! Es treffen sich dort am Freitag immer dieselben Menschen aus bestimmt ganz unterschiedlichen Gründen und irgendwie herrscht ein tiefes Gemeinschaftsgefühl, Fortschritte werden gesehen und anerkannt, schlechte Tage nicht zugelassen!!! Und so trainiere ich fleißig Woche für Woche .... Und wenn meine Mama nicht in Streik tritt, werde ich das so lange wie möglich durchziehen! **Ich finde: jeder Schlaganfallpatient sollte von der**

Krankenkasse eine Wassertherapie bezahlt bekommen! Das wäre so eine enorme Hilfe!!!

Mein wöchentliches Schwimmtraining

- zwei Längen Rad fahren (auf einer Badenudel sitzend, danach
- zwei Längen Rückenschwimmen,
- zwei Längen Brustschwimmen (mit einem Schwimmflügerl auf dem linken Handgelenk) sonst zieht mich der linke Arm so nach unten, dass ich nach fünf Tempo absauf!!! ... ☹
- Dann Gehübungen entlang dem Beckenrand (seitlich und vorwärts);
- Stiegensteigübungen bei der Treppe im Wasser (rauf und runter!!!)

Ich habe aber auch endlich in mir ein Gefühl, dass irgendwann doch noch alles gut werden wird, dass ich wieder gehen werde, auch wenn es ewig dauern wird.

Dass ich mich noch einmal verlieben werde (irgendwann).

Dass ich mein Leben irgendwann wieder alleine meistern werde können!!!

Am 8. September (also praktisch ein Jahr und ein Monat nach dem tragischen Tag X überraschte mich mein Mann mit Scheidungspapieren - also sollte es jetzt doch ernst werden. Damit war jegliche Chance auf ein gemeinsames weiteres Miteinander als Familie endgültig dahin!!! Nachdem ich einige Tage oftmals geweint hatte, und vergeblich zu verstehen versuchte, warum ich jetzt zusätzlich zu den Auswirkungen meines Aneurysmas, mit denen ich ja nun leben musste, auch noch meine Familie verlieren sollte … beschloss ich den Versuch zu starten, auch das Positive zu sehen, - **es gibt immer zwei Seiten! Es kommt immer nur auf die Betrachtungsweise an!!!**

- Das Leben in einer kleinen, ebenen Wohnung ohne Stiegen würde mir vielleicht deutlich mehr Selbständigkeit ermöglichen, als es hier im alten Haus jemals möglich wär. …
- Das Ende meiner Ehe würde vielleicht meinen Kopf und mein Herz noch einmal frei machen für eine neue Liebe. … Für einen Mann, der kein Problem mit mir im Rolli hat!!!
- Wieder deutlich mehr Selbstbestimmtheit in meinem Leben als in den letzten 13 Monaten! …
- Meine Therapien werden genauso weiter laufen, ebenso wie die Unterstützung durch das Hilfswerk und durch meine beiden Engerl (meine Mama und meine Tante Eva) ☺ An dieser Stelle noch einmal ein riesiges Dankeschön an euch beide!!! Ohne euch hätte ich es nicht so weit zurück ins Leben geschafft!!!

Es sollte noch drei Monate dauern bis wir uns über die genauen Bedingungen der Scheidung einig waren, aber zwischen Weihnachten und Silvester 2015 war es dann soweit!

Das Kapitel EHE in meinem Leben war endgültig vorbei! Ich war wieder alleine in meinem Leben! Alleine und gespannt auf neue Erfahrungen, neue Hobbys, neue Bekanntschaften ...! Was würde wohl noch auf mich in diesem zweiten geschenkten Leben warten? Irgendetwas müsste doch da noch kommen. ... Oder warum hätte ich sonst das alles so überlebt???

Was mir am meisten zusetzte, war der Gedanke an meine Jungs! So hatte ich nicht das Geld monatliche Miete für eine Drei- oder Vier-Raumwohnung zu zahlen, um ihnen bei mir ein eigenes Zimmer geben zu können ... mein Großer, Fabian, sagte mir eines Abends: „Du, Mama, wenn ich mich nur zwischen dir und Papa entscheiden müsste, würde ich lieber bei dir wohnen, aber ich hab jetzt so ein cooles Teenager-Zimmer, um das mich viele Freunde beneiden und ich will da nicht ausziehen!" Wir umarmten uns und weinten kurz gemeinsam und ich versprach ihm, dass er in seinem Zimmer bleiben könne! Und das werde ich auch halten! Nichts liegt mir als Mama ferner, als meine tollen Jungs unglücklich zu machen!

Und wer weiß, ich denk mir immer, irgendwas muss in meinem Leben noch auf mich warten, irgendeine Aufgabe hab ich noch zu erfüllen, sonst hätte ich das alles schlichtweg nicht überlebt!!! Und so schaue ich mit einer gewissen Portion Unsicherheit und Angst aber auch mit viel Neugierde, Zuversicht und Spannung in meine Zukunft!

Ich werde weiter jeden Tag trainieren und üben und ich verspreche euch, liebe Leser,

ICH WERDE WIEDER GEHEN!

Ich hab keine Ahnung, wie lange es noch dauert, aber ich werde es schaffen irgendwann!!! ganz bestimmt!!!

In diesem Sinne nochmal:

Ich gebe NICHT auf, ich fange nur grad nochmal neu an!!!

Schlusswort

Liebe Leser! Ihr habt es geschafft! Ihr habt euch tatsächlich durch mein erstes Buch gekämpft! Und ich danke euch von ganzem Herzen dafür! vielleicht wundert ihr euch, warum ich dieses Buch überhaupt geschrieben habe: Das ist ganz einfach: Ich wollte dieses ganze Trauma, das ich erlebt habe, besser verarbeiten. Schon als Teenager hab ich meine Sorgen, Gefühle, Ängste immer in mein heißgeliebtes Tagebuch geschrieben, weil es mir danach immer besser ging! Und so kam ich nach dieser bislang schlimmsten Zeit in meinem Leben auch hier auf die Idee mir alles von der Seele zu schreiben! Und von Kapitel zu Kapitel veränderte sich meine Sichtweise mehr und mehr zum Positiven … meine Motivation lebte immer wieder auf und trieb mich an weiterzukämpfen!

Und vielleicht habt ihr ja in eurem Bekanntenkreis jemanden, dem auch so etwas wie mir oder ähnliches (wie ein Schlaganfall) wiederfahren ist! Und vielleicht hilft meine Geschichte demjenigen nicht den Mut zu verlieren und weiterzukämpfen!!! Der Weg ist steinig, hart und sehr beschwerlich, aber dennoch bringt er uns voran, wenn es auch noch so langsam geht, es geht immer vorwärts! Und ab und zu blühen auch am Steinweg ein paar hübsche Blumen, die einem die nächsten schmerzenden Schritte versüßen! Und so schaue ich auch nicht mehr zurück, sondern nur mehr nach vorn … in mein

„zweites geschenktes Leben"

Alles Liebe und Gute für die Zukunft wünscht euch, liebe Leser

Eure

Susanne Safer

Versucht wirklich jeden Tag zu genießen, wir wissen nie, wann es der letzte ist!!!

„Durchhalten steht immer ganz oben auf der „to-do Liste!"

Achtung

- *Die verwendeten Sprüche wurden zum Teil von mir jahrelang gesammelt, stammen teilweise von google und sind leider nicht alle auf meinem Mist gewachsen!!!*

- *Die Namen meiner drei Männer wurden von mir zum Schutz ihrer Privatsphäre geändert!*

Wichtige Personen in meinem Leben

Meine Familie

Reinhold: Mein Mann, der das Haus so gut es ging für mich umgemodelt hat und immer in den Nächten für mich da war! Danke!!!

Fabian: mein älterer Sohn. Meine große Stütze für diverse anfallende Dinge tagsüber Danke, Fabi!!!

Mathias: mein jüngerer Sohn, der immer für Unterhaltung gesorgt hat und zumeist durch seine gute Laune und sein ansteckendes Lachen! positive Stimmung ins Haus gebracht hat! Danke, Mathi!!!

Ich danke euch Dreien ganz herzlich für eure Geduld mit mir!!!

Mein medizinisches Team

Ellen: meine Physiotherapeutin, die mich wieder zum Gehen motiviert und gebracht hat! 1000 Dank, Ellen!!!

Karin R.: meine Ergotherapeutin, die mir geholfen hat, meine Finger der linken Hand wieder verwenden zu können und die auch meine Merkfähigkeit auf spielerische lustige Art mit mir trainiert hat! 1000 Dank, Karin. R.!!!

Meine Mama und meine Tante Eva: meine CO- Therapeuten, die dafür gesorgt haben, dass ich sechsmal pro Woche meine physio- und ergotherapeutischen Übungen gemacht habe, nicht nur einmal pro Woche! Euch beiden hab ich definitiv den größten Erfolg und die meiste Motivation zu verdanken!!! Unendlich vielen Dank!!!

Gitti, Marianne und Maria vom Hilfswerk NÖ: die mir täglich in der Früh gut gelaunt beim Aufstehen, Klo gehen, Anziehen, und Stylen ☺ geholfen haben!!! So war der Start in den Tag immer ein guter Start.

Fr. Dr. R.: meine Neurologin und die Stelle, wo ich mich immer ausreden konnte!!! 1000 Dank!!!

Fr. Dr. W.: meine Hausärztin, die mich viele Wochen immer zu Hause besucht und mit Medis, tollen Naturheilmitteln und Verordnungen versorgt hat! 1000 Dank!!!

OA DR. Marhold Franz, Neurochirurg: aus dem Unfallkrankenhaus St. Pölten. **Der Mann, dem mein allergrößtes und herzlichstes Danke, Danke, Dankeschön gebührt!!!** Der Mann, der sich mein Gehirn von innen genauestens angeschaut hat, das Aneurysma geclippt und die Blutung gestoppt hat und der wahrscheinlich entsetzt war, wie klein mein Hirn war. Ohne ihn gäbe es mich nicht mehr und ich hätte meine beiden tollen Jungs nie mehr in die Arme schließen können! Lieber **Dr. Marhold, ich habe Ihnen so wahnsinnig viel zu verdanken!!!**

Freunde und Helfer, die mich die ganze Zeit intensiv begleitet und unterstützt haben

Petra Sch.: meine gute Seele aus Hautzendorf, die einen Tag pro Woche bei und mit mir verbracht hat. Petra, du warst meine Freundin, Seelentrösterin, Therapeutin Köchin, Krankenschwester ... 1000 Dank für alles!!!

Eva P.: meine allerliebste Ex-Chefin aus dem Mostviertel, die alle Hebel in Bewegung gesetzt hat, um Unterstützung vom Lions-Club für mich zu organisieren und mir für die ersten Stehversuche einen physiotherapeutischen Stehtisch organisiert hat, der mir große wichtige Dienste geleistet hat, damit mein linker Fuß und das ganze linke Bein wieder langsam nach und nach zu arbeiten beginnen konnten. Außerdem war sie meine Köchin, Therapeutin und Seelentrösterin. 1000 Dank!!!

Anna Z.: unsere Nachbarin, die uns immer wieder mit Mittagessen versorgt hat und schnell mal eingesprungen ist, wenn ich Hilfe brauchte! Vielen lieben Dank!!!

Karin M. und **Alex R.**: meine zwei liebsten und treuesten Kolleginnen aus meiner Zeit bei CreaDirect. Ihr habt mich immer wieder im Krankenhaus besucht und auch daheim, HABT MEIN Chaos zuhause, das sich in der Zwischenzeit angesammelt hatte, beseitigt, geschlichtet, sortiert, mit mir gebastelt zur Abwechslung, mir den Kopf zurecht gerückt, wenn ich aufgeben wollte, mich immer wieder motiviert, bei mir gekocht ... ihr wart einfach immer da, Mädels wenn ich euch gebraucht hab! Danke, Mädels, vielen herzlichen Dank!!! Ich werde euch nie vergessen, wie ihr mich kurz nach meiner Heimkehr ins Musical und auf die Kreativmesse geschleppt habt, damit ich wieder unter die Leute komme und gar nicht auf die Idee komme mich in meinem Schneckenhaus zu verkriechen und zurückzuziehen! Damit ich das erste Mal Klogehen auswärts gleich mal erledige, um die Angst davor zu verlieren und damit ich Basteltechniken finde, die ich mit einer Hand machen kann! Ihr wart soooo toll, Mädels! Unendlichen Dank!

Erika W.: die zum einen ganz von selbst den Fahrtendienst für unsere Jungs zum wöchentlichen Judo-Training übernommen hat! Und auch ganz wichtiger Ansprechpartner für meine Jungs war, als ich nicht da war. Außerdem war sie immer wieder Seelentröster für mich! 1000 Dank, liebe Erika!!!

Monika K. und ihre beiden Mädels **Petra** und **Kathrin**: für die lustigen Einkaufstouren zum Beispiel beim Ikea.

Maria T., die mir eine andere Art der Hilfe nahegebracht hat. Ich bin dankbar für diese Erfahrung!

Das sind nur einige Personen, die mich so großartig und selbstlos unterstützt haben!!! Ich möchte einfach allen DANKESCHÖN sagen, die mich egal auf welche Weise bei meinem Weg zurück ins Leben unterstützt haben!!!

Ohne euch alle, hätte ich es ganz sicher nicht geschafft!!!

Besondere Menschen (deine Freunde) sehen mehr in dir, als es andere tun! Denn sie erkennen die Trauer in deinem Lächeln, die Liebe hinter deinem Zorn und sie verstehen nicht nur deine Worte, sondern auch dein Schweigen!!!

Zeitfracht Medien GmbH
Ferdinand-Jühlke-Straße 7
99095 Erfurt, Deutschland
produktsicherheit@kolibri360.de